AF469665

ABRÉGÉ

DE LA

MÉTHODE CAVÉ.

PARIS. — TYPOGRAPHIE DE HENRI PLON,
8, rue Garancière.

ABRÉGE

DE LA

MÉTHODE CAVÉ

POUR APPRENDRE A DESSINER

JUSTE ET DE MÉMOIRE.

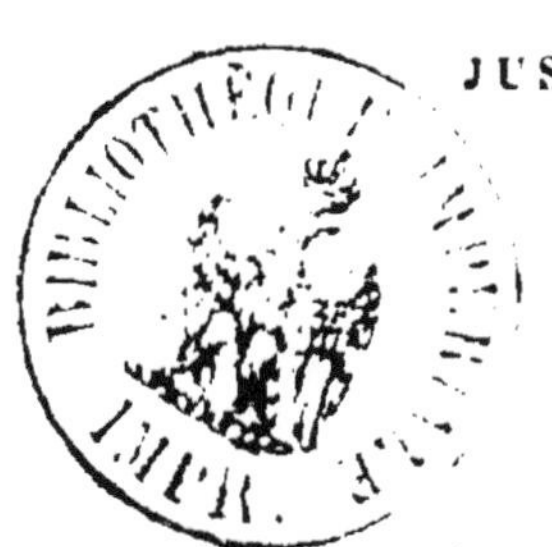

Ouvrage approuvé

par MM. Ingres, Delacroix, Horace Vernet, etc.

Voir, comprendre, se souvenir, c'est savoir.
RUBENS.

PARIS
HENRI PLON, IMPRIMEUR-ÉDITEUR,
8, RUE GARANCIÈRE.
1860

AVANT-PROPOS.

Tous les hommes ne sont pas poëtes ou écrivains parce qu'ils ont passé dix ans de leur vie dans un collége. Cependant tous, dans une profession quelconque, tirent profit de leurs études; tous savent tenir une plume et exprimer suffisamment leurs pensées. C'est en quelque sorte le premier degré de l'art d'écrire auquel arrivent les esprits les plus ordinaires.

Je me suis souvent demandé pourquoi l'art de dessiner, l'art de reproduire les objets par le dessin, comme on reproduit sa pensée en écrivant, n'est pas aussi commun que l'art d'écrire. — Il n'est cependant pas moins nécessaire. — On peut affirmer qu'il n'est pas d'homme du monde qui n'ait mille fois regretté de ne pas savoir dessiner, soit qu'il ait eu à faire construire une maison, confectionner un meuble, tracer un jardin, soit qu'il ait voulu conserver le souvenir d'un site, d'un édifice remarquable ou de quelque objet d'art. Et quelle est la profession industrielle qui n'a pas besoin de l'art du dessin? Le menuisier et l'ébéniste, le charpentier et le constructeur, la fleuriste, la brodeuse, la modiste, la couturière, le fabricant de châles et d'étoffes, le potier, le faïencier, et mille autres, ne savent qu'imparfaitement leur métier s'ils sont étrangers à l'art du dessin. — C'est lui qui leur donne le goût; c'est par lui seul qu'ils peuvent choisir les belles formes, imprimer à leurs œuvres ce cachet d'élégance et de distinction qui les fait rechercher.

Si nous remontons aux temps anciens, non-seulement nous trouvons des monuments, des objets d'art qui nous frappent d'admiration, mais les vases, les ustensiles les plus communs sont du style le plus exquis.

Pourquoi les artistes de l'antiquité, pourquoi les ouvriers sont-ils si supérieurs aux nôtres? Pourquoi, aujourd'hui, copions-nous servilement les anciens, dénaturant leurs œuvres loin de les égaler? C'est qu'aujourd'hui on fait des artistes malgré Minerve. — On dit à un jeune homme : « Tu seras peintre, sculpteur, » comme on lui dirait : « Tu seras potier ou menuisier, » sans étudier le moins du monde son aptitude. On oublie que c'est le génie seul qui peut dire à un jeune homme : « Tu seras artiste. » Apparemment que dans l'antiquité il en était autrement.

Quant aux ouvriers dont les ouvrages sont sortis, à notre grand étonnement, du sol de Pompéi, nous ignorons s'ils savaient lire et écrire, mais ils savaient certainement dessiner, et beaucoup mieux que la plupart de nos artistes. — Évidemment l'art du dessin n'était pas à Rome, comme chez nous, un talent d'agrément.

Un talent d'agrément, c'est-à-dire une chose superflue qu'on apprend négligemment et qu'on oublie vite, c'est le nom que l'on donne aujourd'hui à l'art de dessiner, à l'art qui, pour les artisans, est au moins aussi utile, aussi nécessaire que l'art d'écrire. — Est-il étonnant qu'avec ce préjugé nos professions industrielles rétrogradent au lieu de progresser?

Disons-le donc aux artistes pour qu'ils instruisent le peuple; disons-le donc au peuple pour qu'il écoute les enseignements des artistes : Quiconque veut exercer avec avantage une profession industrielle dans ce monde doit apprendre à dessiner.

Disons aux riches : Vos enfants peuvent être privés des richesses dont vous jouissez aujourd'hui; faites-leur apprendre le dessin, et, dans le malheur, ils vous béniront de leur avoir donné un talent, ressource précieuse que personne ne pourra leur enlever.

Aujourd'hui une méthode est trouvée, par

laquelle on apprend en deux ou trois ans à dessiner juste et de mémoire tout ce qui vient à l'esprit.

Avec cette méthode, en même temps qu'on apprend à copier les objets qu'on a sous les yeux, on les grave dans sa mémoire de manière à les retrouver dès qu'on le veut; la mémoire des yeux est la plus commune et la plus facile. Après six semaines d'études, nos élèves eux-mêmes sont surpris de ce qu'ils savent, de ce qu'ils dessinent.

Dessiner de mémoire, c'est avoir sa pensée, l'expression de sa pensée au bout de son crayon, comme l'écrivain au bout de sa plume. Tous les grands maîtres savaient dessiner de mémoire : de là leur originalité.

Consulter, copier, tue l'invention et le génie : composer, jeter rapidement sa composition sur le papier, à l'aide de ses souvenirs, voilà le vrai procédé pour inventer.

RAPPORT

DE M. L'INSPECTEUR GÉNÉRAL DES BEAUX-ARTS

AU MINISTRE DE L'INTÉRIEUR

SUR LA

MÉTHODE CAVÉ.

Ce 28 mars 1851.

MONSIEUR LE MINISTRE,

Conformément à vos instructions, j'ai examiné les résultats de la méthode Cavé pour l'enseignement de l'art du dessin.

Calquer un dessin ou la nature à travers une gaze légère ; reproduire ensuite l'image calquée, et vérifier au moyen du calque si la reproduction est exacte, tel est le point de départ de cette méthode, qui a pour avantage d'exercer à la fois la main et l'œil de l'élève, le mettant à même de reconnaître et de corriger lui-même ses fautes, sans le secours d'un professeur. Dans l'atelier Cavé, le professeur, c'est le calque, c'est-à-dire la vérité.

A ce premier exercice succède le dessin de mémoire : l'élève est obligé de reproduire sans le secours du modèle le dessin ou l'objet qu'il a d'abord calqué et copié. Ces premières leçons s'adressent aux enfants de huit à douze ans, et j'ai constaté les résultats suivants :

1° Une exactitude remarquable dans l'ensemble et le contour d'une figure ou de tout autre objet;

2° Une reproduction faite de mémoire, telle que souvent on la distingue difficilement de la copie;

3° La connaissance des maîtres : j'ai pu facilement reconnaître Raphaël, Holbein, etc., d'après des dessins de mémoire des élèves de l'atelier Cavé; j'en conclus qu'eux-mêmes ils ont acquis à un certain point la connaissance des maîtres;

4° Enfin le sentiment de la perspective; c'est-à-dire que sans avoir appris aucune des règles de la science, les élèves, en décalquant d'après nature, exécutent exactement les plus grandes difficultés de l'art de la perspective, les raccourcis. Ainsi, en exerçant la mémoire des enfants en donnant de la justesse à leur coup d'œil et de la sûreté à leur main, à l'âge où leurs organes encore neufs sont dociles, la méthode Cavé les rend plus aptes aux professions industrielles, en fait des instruments habiles pour tous les métiers qui touchent aux arts. Avec les anciennes méthodes, on ne pouvait apprendre à dessiner qu'après douze ans, âge auquel se termine l'éducation de l'ouvrier et de l'ouvrière, parce qu'il fallait avoir le jugement formé; avec l'ingénieux enseignement Cavé, l'enfant, apprenant à observer et à comparer presque à son insu, se forme le jugement en même temps qu'il acquiert cette adresse indispensable pour tout travail des mains.

On peut donc voir là un véritable perfectionnement pour l'éducation des enfants du peuple.

Après avoir donné le moyen de rendre l'art élémentaire du dessin aussi populaire que l'art d'écrire, la méthode Cavé va plus loin : les enfants qui ont passé l'âge de douze ans font de rapides progrès; en parcourant leurs nombreux essais, j'ai vu les ombres se joindre au trait. L'œil de l'élève acquiert tant de justesse, il pose ses ombres et ses lumières si franchement à leur place, que son premier dessin étonne ; il a des qualités qu'on n'obtient ordinairement qu'après une longue expérience ; il en est de même des dessins d'après nature. Avec cette méthode le mauvais est impossible, car la vérité est toujours là sous les yeux de l'élève ; s'il s'en est écarté, il est forcé d'y revenir. Les dessins de mémoire acquièrent alors plus d'importance. On m'a fait voir plusieurs de ces dessins représentant des tableaux tout entiers avec les ombres et les lumières. Il est certain que l'élève qui est parvenu à reproduire de mémoire un tableau avec toutes ses difficultés le connaît. Le travail qui s'est opéré dans son esprit est tel qu'il possède à un certain degré la science du tableau.

Équilibrer une composition, ordonnancer la lumière, sont deux grands secrets de l'art de la peinture auxquels la méthode Cavé initie d'une manière fort simple.

Agréez, monsieur le Ministre, l'hommage de mon respect,

Félix Cottereau,
peintre d'histoire,
inspecteur général des Beaux-Arts.

NOMENCLATURE

DES

OBJETS NÉCESSAIRES A LA MÉTHODE CAVÉ.

Premières leçons.

L'abrégé de la méthode Cavé.

Première série et série industrielle. Modèles au trait : têtes, mains, pieds, maisons, vases, chars, etc.

Une planche.

Six punaises ou clous pointus de tapissier, ou pains à cacheter.

Papier végétal.

Papier blanc.

Fusains.

Crayons de mine de plomb.

Vieux gants.

Deuxièmes et troisièmes leçons.

Deuxième et troisième série. Modèles d'après les maîtres, pour apprendre à dessiner d'après la bosse et les figures entières.

Une gaze avec son pied.
Une croix en bois.

Quatrièmes leçons.

Première série ombrée. Modèles d'après les maîtres, pour apprendre à ombrer au crayon.

Cinquièmes leçons.

Deuxième série ombrée, pour apprendre à ombrer finement (d'après les maîtres) au fusain, à laver à la sépia et à comprendre le clair-obscur.

ABRÉGÉ

DE LA

MÉTHODE CAVÉ.

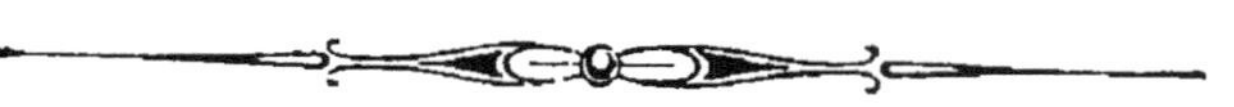

CHAPITRE PREMIER.

DE L'INSTALLATION.

Il faut que l'élève soit bien installé, bien assis, les pieds d'aplomb; qu'il ait une planche sur laquelle il doit dessiner; un carton n'offre jamais une surface parfaitement plane.

L'élève fixera sa feuille de papier blanc sur sa planche, avec deux punaises, ou clous de tapissier, ou des pains à cacheter, de manière qu'elle soit perpendiculaire.

Il taillera un ou deux fusains bien fin, et son crayon de mine de plomb.

CHAPITRE DEUXIÈME.

DU CALQUE VÉRIFICATEUR.

Ce calque, qui était primitivement fait par l'élève lui-même, est aujourd'hui imprimé et fourni avec les modèles, ce qui dispense l'élève de ce premier travail et répond à des objections fort peu fondées.

Nous conservons toutefois le chapitre, pour les personnes qui croiraient trouver un avantage en suivant l'ancienne marche, et nous faisons observer que tout ce qui est dit, dans le cours de cet ouvrage, du calque vérificateur fait par l'élève s'applique également au calque imprimé.

L'élève prendra son modèle et posera son

papier végétal dessus pour faire le calque vérificateur qui doit lui servir de professeur.

Il faut être très-exigeant sur la pureté du calque vérificateur. — Un mauvais calque est un mauvais professeur. — Il dépend de l'élève de s'en faire un bon.

Pour convaincre les élèves de l'importance qu'il faut y attacher, l'instituteur doit établir des concours de calques.

Le calque vérificateur bien fait, l'élève le posera sur le papier blanc attaché sur sa planche, de manière qu'ils soient d'équerre. — Il les attachera par le haut sur sa planche, pareillement d'équerre, avec deux punaises.

Le calque et le papier blanc ainsi fixés, l'élève marquera le point de départ du dessin en piquant le papier végétal de manière que la piqûre laisse une trace sur le papier blanc. — Il n'aura plus alors qu'à lever le calque de bas en haut pour copier son modèle sur le papier blanc, et le rabattre de haut en bas chaque fois qu'il voudra se corriger.

Quelquefois il est plus commode d'attacher le calque vérificateur sur le côté, afin de le rabattre de droite à gauche.

CHAPITRE TROISIÈME.

DESSINS D'APRÈS LE MODÈLE.

Nous passons à la seconde opération : après le calque vérificateur, le dessin d'après le modèle.

Il faut faire choisir à l'élève son modèle dans la première série, ou dans la série industrielle, à sa volonté. — Ce qui est plus difficile pour l'un est souvent plus facile pour l'autre. — Certains enfants regardent plus les maisons et les objets que les figures; les autres regardent plus les figures et les mains. — De là le goût du modèle qu'ils comprennent le mieux.

L'élève prend le modèle choisi par lui, et l'attache devant lui.

Puis il se met à le copier sur son papier.

Durant ce travail, il pourra, chaque fois qu'il le voudra, appliquer son calque vérificateur sur les traits déjà exécutés, soit pour les rectifier, soit pour vérifier leur exactitude. Ce calque, c'est son véritable professeur, non un professeur bavard, jetant à l'oreille de son élève des paroles peu comprises, mais un professeur muet qui ne répond aux yeux attentifs qui le consultent qu'en leur montrant la vérité : ces professeurs-là sont toujours entendus et compris.

Le calque vérificateur appliqué sur le dessin, comment l'élève ne verrait-il pas ses fautes? Et il les sentira, il les corrigera d'autant mieux qu'il les aura reconnues lui-même. — Il arrivera ainsi à produire un dessin conforme au calque vérificateur, et partant au modèle (1).

Le fusain doit être taillé très-fin, parce qu'il faut que le trait soit très-léger et très-pur. —Le dessin terminé, on pourra l'épous-

(1) Pour effacer le fusain, il suffit d'un vieux gant.

seter avec une mousseline, et revenir avec délicatesse sur les traits incertains.

Le premier dessin d'un élève, avec cette méthode, est ce qu'il y a de plus remarquable, car il est juste dans les lignes et dans le caractère, chose très-difficile à obtenir; c'est ce qui constitue le dessin.

Pendant que l'élève dessinera, l'instituteur ne craindra pas de lui répéter : Pensez à ce que vous faites, car lorsque vous aurez fini votre dessin, j'enlèverai le modèle et le vérificateur, et il faudra le reproduire de mémoire.

Il est bien entendu que, lorsqu'il y a plusieurs modèles sur une même feuille, l'élève n'en exécute qu'un et même quelquefois la moitié d'un, afin de pouvoir le retenir de mémoire.

tive : Le milieu de l'objet dessiné sera mis à hauteur de l'œil du dessinateur. Par exemple, pour dessiner une chaise, l'élève s'assiéra par terre et appuiera sa tête contre un mur ou tout autre corps solide : la chaise, si difficile à mettre en perspective, se trouvera tout à coup d'aplomb sur le papier comme sur le parquet.

Des chaises, des meubles, il faut passer à faire décalquer tous les coins de l'appartement, l'escalier, le vestibule, etc. Mais remarquez bien que si on ne s'assied pas très-bas, le parquet s'élèvera comme une montagne ; c'est ce qui arrive pour le paysage.

Les élèves acquerront de la facilité à bien décalquer en s'exerçant sur la nature morte. On entend par nature morte tout ce qui ne vit pas, tout ce qui ne remue pas, les meubles, les maisons, les animaux morts, les plâtres moulés sur nature, la sculpture, les fleurs, les fruits, etc. Devant la nature morte, le trait deviendra plus net et plus fin, mais non pas sans application, sans patience. Pour

CHAPITRE QUATRIÈME.

DU DESSIN DE MÉMOIRE.

Lorsque l'élève a terminé son dessin, copié en se corrigeant avec son vérificateur, l'instituteur enlève à l'élève son modèle, son vérificateur et son dessin.

L'élève commence alors son dessin de mémoire. — L'instituteur, pendant quelque temps, doit surveiller son élève en lui montrant quelquefois son modèle, pour arriver à le rendre consciencieux dans l'exécution de son dessin de mémoire.

La mémoire des yeux n'est pas la même chez tous : les uns en ont plus, les autres en ont moins. — Quand elle est exercée, elle s'accroît. — Souvent les élèves qui en ont le moins en commençant en acquièrent davantage que ceux qui en avaient le plus.

Si un élève éprouvait trop de difficultés à retenir son modèle, l'instituteur peut lui permettre de le calquer autant qu'il le voudra, jusqu'à ce qu'il l'ait fait entrer en quelque sorte dans sa tête. — Par des exercices répétés, l'instituteur parvient à donner l'œil, la main et la mémoire aux plus mauvais élèves.

Il faut que l'élève soit bien convaincu que le dessin n'est que la mémoire de l'œil répétée par la main sur le papier.

Un élève, en faisant faire à un autre élève plus faible que lui un dessin de mémoire, exerce lui-même sa mémoire.

C'est le moment, pour le maître de l'école, d'enseigner à l'élève les premiers principes du beau : qu'entre les deux yeux il y a la distance d'un œil; les yeux trop écartés donnent l'air inintelligent, tels sont les bœufs; les singes, au contraire, les ont très-rapprochés; que le bas de l'oreille doit être sur la même ligne que le bas du nez; l'oreille placée haut est encore une beauté; qu'il doit y avoir la même distance de la naissance des cheveux aux yeux, des yeux au bas du nez, du bas du nez à la fin du menton, que la bouche doit être près du nez.

Leur faire observer, pour mettre la bouche bien au-dessous du nez, comment s'enchâssent les deux petites lignes qui descendent du nez à la lèvre supérieure. Une petite tête et un cou droit sont aussi une beauté. Voilà ce qu'ils verront dans les modèles de la troisième série au trait, en dessinant les statues antiques et les figures entières.

Là ils apprendront les proportions du beau, en leur faisant compter combien de fois la hauteur de la tête est répétée dans la longueur du corps. Il y a des livres où toutes ces choses ont été dites et redites. Mais ne vaut-il pas mieux que les élèves prennent eux-mêmes un compas et composent les proportions sur les antiques et les maîtres? En prenant, par exemple, la mesure de l'avant-bras et la reportant sur l'autre partie du bras, ils se rendront compte que c'est la même. — Ils verront ensuite où doit descendre le coude par rapport au corps. — Mesurer de même la jambe et le haut de la jambe.

De toutes ces comparaisons, ils jugeront que beaucoup sont de même mesure. — C'est un travail très-intéressant à faire sur les magnifiques modèles de la méthode, qui sont tous exécutés d'après les maîtres et les antiques. — L'élève, en cherchant lui-même à se rendre compte des proportions du beau, se les gravera dans la tête.

Ainsi, sur un calque vérificateur fait d'après un antique, il pourrait tirer des lignes sur tous les milieux : par exemple, de la saignée au haut de l'épaule, puis il mettra un point à chaque mesure.

Il décalquera ensuite son bonhomme rien qu'avec les lignes et les points ; et s'il a toujours bien pris ses mesures dans les endroits du corps qui plient, il verra et comprendra le mouvement.

C'est ainsi que l'on a fait souvent la charge de deux hommes qui se battent à l'épée, et presque tous les enfants ont répété cette charge.

Il prendra de même tous ces points et ces lignes sur la figure pour les traits du visage.

Ce petit travail, avec le compas pour étudier les proportions sur les antiques et les maîtres, doit se faire le soir; c'est un amusement très-grand.

Quand les élèves verront que les maîtres se sont écartés de la règle du beau, ils comprendront que c'est que la nature elle-même s'en écarte souvent.

Il est bon de connaître les principes du beau pris sur les antiques, mais il ne faut pas en abuser.

L'abus de ces principes mène au dessin de convention.

Quand l'élève a fait un bon dessin de mémoire, et qu'il veut le fixer, voici la recette : On fixe le fusain sur le papier au moyen d'une préparation fort simple; on fait infuser pendant deux jours quatre gros de gomme laque blanche dans un demi-litre d'esprit-de-vin bien bouché. Avec une petite éponge on étendra cette préparation derrière le dessin, en faisant tenir la feuille horizontalement par une autre personne.

CHAPITRE CINQUIÈME.

DU TROISIÈME DESSIN.

Lorsque l'élève a exécuté son dessin corrigé avec le vérificateur et son dessin de mémoire, l'instituteur exige un troisième dessin copié d'après le modèle sans vérificateur.

L'instituteur garde le calque vérificateur, et lorsque l'élève a entièrement fini son dessin, l'instituteur pose dessus le calque vérificateur, afin de faire voir à l'élève toutes ses fautes.

Ce troisième dessin est le résultat de ce que l'élève a appris en se corrigeant avec le calque vérificateur, et de ce qu'il a retenu en faisant son dessin de mémoire. Ces trois dessins doivent être numérotés et conservés par l'élève.

L'instituteur doit conserver dans un carton tous les bons calques vérificateurs de ses élèves, afin de les prêter à ceux qui n'auraient pas le moyen d'avoir assez de papier végétal. Le papier végétal resté entre les mains des élèves doit être couvert de calques pour exercer leur mémoire.

CHAPITRE SIXIÈME.

RÉSUMONS LES QUATRE PREMIÈRES OPÉRATIONS.

Lorsque l'instituteur fait faire à son élève le calque vérificateur, il lui apprend à bien voir son modèle dans tous ses moindres détails.

Cette connaissance faite, lorsque le calque vérificateur devient le professeur et que l'élève s'est corrigé consciencieusement en copiant son dessin, l'instituteur a fait comprendre à son élève les proportions, les longueurs, les raccourcis de son modèle; lorsqu'il lui a fait faire son dessin de mémoire, il lui a développé les facultés de l'œil. L'élève qui a fait une bouche, un nez, de mémoire, regarde toutes les bouches et tous les nez qui sont autour de lui. Il les compare, et se rend compte de ce qu'il a dessiné.

Et aussi, quand l'élève est à sa quatrième opération, qu'il se met devant son modèle pour le copier, sans autre guide que son intelligence et son raisonnement, il le fait quelquefois avec une si grande précision, que souvent le dessin fait sans vérificateur lui est tout à fait conforme, lorsque l'instituteur vient l'appliquer dessus pour y poser son arrêt; c'est-à-dire que l'instituteur doit mettre sur chaque dessin de l'élève : *Bien, très-bien, assez bien,* ou *mal.*

Il faut toujours faire le dessin de mémoire après le dessin corrigé avec le vérificateur, car M. Ingres a dit en approuvant la méthode Cavé :

« Pour permettre le dessin de mémoire à un élève, il fallait avoir trouvé le moyen de faire un premier dessin mathématiquement juste, sans quoi l'élève en répétant ses fautes, se les graverait dans la tête. »

CHAPITRE SEPTIÈME.

DES PAGES D'OMBRES ET DES LETTRES MAJUSCULES.

Il est inutile pour l'instituteur d'avoir des modèles de lettres majuscules et des modèles de pages d'ombres.

Les lettres majuscules, les élèves les feront avec le crayon telles qu'ils les font avec la plume.

Quant aux ombres, une lithographie leur donnera toutes les valeurs du ton, qu'ils imiteront les uns après les autres. Il faut exécuter les pages d'ombres très-soigneusement, soit avec des crayons à la mine de plomb, soit avec de la sanguine ou du crayon rouge.

Il faut que les élèves en couvrent des feuilles entières, jusqu'à ce qu'ils soient devenus habiles à manier le crayon, jusqu'à ce que le grain de l'ombre soit parfaitement régulier, et qu'on n'y voie qu'une teinte plate, sans qu'un seul coup de crayon domine l'autre. Ces principes amènent à faire des dessins solides, comme masse d'ombres et de lumières.

Le crayon est beaucoup plus difficile à manier que le fusain; les dessins remis au crayon perdent beaucoup lorsque l'élève ne sait pas se servir du crayon avec souplesse et sans lourdeur. Ce n'est pas en appuyant qu'on fait noir, mais c'est à force de repasser sur le même endroit et toujours très-légèrement. A cette condition, on obtient le moelleux et on évite la sécheresse.

L'élève doit tenir son crayon penché de côté, et non perpendiculairement comme lorsqu'on écrit. Il ne doit pas le serrer dans ses doigts. Cette observation est importante.

Venons aux lettres majuscules : les élèves exécuteront toutes les lettres de l'alphabet et dans des proportions différentes. C'est un thème d'exercices excellents et variés. La route des élèves est toute tracée ; ils ne s'ennuieront pas, s'ils ont du goût pour le dessin, et l'instituteur ne se lassera pas de leur répéter : « N'appuyez pas. — Repassez plusieurs fois sur le même endroit. — Vous serrez trop votre crayon.— Il n'est pas assez penché de côté. » Et comme il n'est pas de petites choses, recommandez à vos élèves d'user leurs bouts de crayon au moyen d'un porte-crayon ; un bout de crayon dans les doigts ne donne qu'un trait sec et mal assuré.

CHAPITRE HUITIÈME.

DES MOYENS A EMPLOYER POUR DÉCALQUER D'APRÈS NATURE ET D'APRÈS LA BOSSE.

L'expérience a fait voir que les élèves qui avaient beaucoup décalqué et dessiné le trait d'après la bosse ombraient facilement.

C'est pourquoi les modèles d'après la bosse sont adoptés à la seconde série.

Le moment est donc venu d'exécuter la seconde et la troisième série avant de commencer à ombrer, afin que l'élève apprenne à décalquer en même temps qu'il dessine les derniers modèles au trait.

Lorsque l'élève sait décalquer parfaitement une figure de face d'après la bosse et se faire un calque vérificateur parfait, ceci prouve qu'il sait trouver le trait dans l'ombre.

Comme il est plus difficile de trouver le trait dans l'ombre que d'ombrer, il en résulte que, sans s'en douter, l'élève a déjà vaincu une grande difficulté.

En faisant ensuite des traits d'après la bosse, en les corrigeant avec le calque vérificateur, l'élève a sans cesse devant les yeux une bosse ombrée, soit une tête, soit un pied, soit une main; eh bien, en étudiant consciencieusement le trait, il se met tout naturellement la forme de l'ombre dans la tête.

Il faut donc faire marcher de front les calques vérificateurs d'après la bosse et la nature morte avec les modèles de la seconde série, et faire marcher ensuite de front les modèles au trait de la troisième série, qui sont des figures entières, avec les traits d'après la bosse, corrigés avec le calque vérificateur, puis refaits ensuite de mémoire.

Il faut surtout faire beaucoup de mains d'après la bosse; c'est là que la nature pose le plus mal: très-peu de personnes posent leurs mains naturellement, avec le mouvement juste et souple; la main s'engourdit très-facilement et devient roide.

Pour un franc, on se procure facilement des mains moulées sur nature.

Les traits d'après la bosse de la seconde série montrent à l'élève la perfection qu'il doit apporter à son calque vérificateur, la manière de prendre les différentes faces et profils d'une tête, d'un pied, d'une main, ensuite la grandeur qu'il faut adopter pour décalquer sur la vitre lorsque l'élève veut grandir son modèle.

Ces modèles, faits par des élèves de la méthode Cavé, prouvent que tout ce qu'elle enseigne est une vérité.

Dans l'été, il faut remplacer les bosses par les feuilles, les fleurs et les fruits. Mais comment décalquer d'après nature et d'après la bosse?

Prenez une chaise de bois ordinaire, avec un dossier à barres, comme celles qui sont dans les jardins publics; procurez-vous ensuite une planche, large de cinq centimètres et haute d'un mètre trente centimètres; attachez-la au dossier de la chaise en la passant dans les barreaux, de manière qu'elle soit penchée en avant et fasse dossier. (En faisant une croix plate en bois, elle se maintient plus ferme au dossier, en l'ajustant de bas en haut.)

Tout naturellement l'élève assis sur la chaise aura la tête appuyée et fixée sur cette planche.

Faites asseoir l'élève; approchez devant lui la gaze avec son pied et faites-la glisser sur sa coulisse juste à la hauteur de son œil.

Il placera sa tête bien d'aplomb, afin qu'elle ne remue ni à droite ni à gauche, et il fixera le pied de la gaze avec ses pieds, afin qu'elle ne bouge pas.

Ensuite il se bandera un œil avec un mouchoir.

Il est bien entendu qu'il aura d'avance préparé plusieurs fusains taillés bien fin.

Les choses ainsi disposées, une tête ronde de bosse sera placée devant l'élève, qui dessinera la tète sur la gaze telle qu'il la verra, en n'en faisant que le trait. Plus la bosse sera près de l'élève, plus le dessin se rapprochera des proportions de la nature. Un autre moyen de le grandir, c'est d'éloigner le dessinateur de la gaze. Du reste, l'élève doit faire une étude des grandeurs qu'on peut obtenir. Rien de plus facile. En s'éloignant ou en se rapprochant de l'objet qu'on dessine, on obtient des proportions différentes.

Il faut pour commencer faire faire aux élèves des calques d'après la bosse, de mains, de pieds, dans les plus grandes proportions possibles, afin qu'ils se rendent bien compte de la forme du trait. Cet exercice leur apprendra à bien comprendre la nature.

Règle générale : Lorsqu'on dessine une figure entière ou une bosse, la distance à laquelle il faut se placer doit être égale à trois fois la hauteur du modèle. Ainsi, si le modèle assis ou debout a un mètre de haut, le dessinateur se placera à trois mètres de distance.

Autre règle importante pour la perspec-

que les élèves ne se rebutent pas d'abord, il faut choisir les objets les plus simples de lignes, les fruits, les vases, les feuilles par exemple, si nécessaires pour la composition des ornements.

Que l'instituteur n'oublie pas un point important de cette leçon : les élèves feront alternativement des dessins au trait de la seconde série et des calques vérificateurs d'après la bosse.

Ensuite les dessins au trait faits d'après la bosse et corrigés avec le vérificateur, en même temps que les figures entières de la troisième série.

CHAPITRE NEUVIÈME.

MANIÈRE DE SE SERVIR DU CALQUE VÉRIFICATEUR D'APRÈS LA BOSSE ET D'APRÈS NATURE.

Lorsque l'élève est parvenu à faire un assez bon calque pour qu'il puisse servir de vérificateur, voilà comment il faut procéder.

Attachez une feuille de papier bien droit sur la planche, et sur cette feuille de papier posez la gaze bien droit aussi, en ayant soin qu'elle touche partout également.

Alors l'élève repasse le trait sur la gaze avec un fusain, et il le reporte sur le papier. L'élève prend ensuite un papier végétal qu'il pose sur le dessin (remis de la gaze sur le papier) et se fait, en regardant son modèle, un calque vérificateur.

L'élève fait de ce calque un professeur pour dessiner d'après la bosse et d'après nature, et un professeur sévère, scrupuleux, que l'élève écoute, car c'est l'élève qui le fait parler. Il exige et il obtient la grandeur exacte que l'on a adoptée. Chose excellente lorsque l'on compose, il faut donner à ses figures la grandeur voulue par les proportions de son groupe.

Ainsi le professeur que vous aurez eu pour copier le modèle, vous le retrouverez pour dessiner d'après la bosse et d'après nature.

Lorsque les élèves auront suffisamment travaillé à cette école, ils deviendront professeurs eux-mêmes et ne gâteront plus les calques en s'en servant ; au contraire ils les perfectionneront devant la nature.

Ils auront appris ainsi les lois de la perspective sans autre règle que la vérité à travers laquelle ils regardent ; car la gaze, c'est la vérité. Si l'élève peut décalquer le portrait, il a atteint une plus grande habileté, le calque d'après la bosse étant beaucoup plus facile ; mais il instruit plus et plus vite.

L'instituteur en montrant aux élèves les calques professeurs de la seconde série des modèles, leur fera observer leur perfection.

L'élève épuise tous les profils, tous les aspects d'une tête, d'une main, d'un pied. Il se rend ainsi un compte exact de leurs formes et de leurs attaches au cou, au bras, à la jambe.

Généralement les calques peuvent se faire demi-nature comme grandeur. C'est la proportion adoptée dans l'école des Beaux-Arts.

Lorsqu'on veut grandir le calque vérificateur, il faut se conformer à la grandeur indiquée dans la deuxième série de modèles.

Lorsque l'élève décalque seulement d'après la bosse, des yeux, des nez, avec la bouche, il faut se mettre aussi près de la bosse que possible, afin de bien comprendre tous les détails des traits

Il est bon alors de retourner la bosse dans tous les sens, afin d'apprendre tous les profils, tous les aspects des yeux, du nez et de la bouche ensemble.

Mettre une bouche sous le nez est très-difficile. Cet exercice souvent répété fait comprendre et vaincre la difficulté.

CHAPITRE DIXIÈME.

DE LA BOSSE.

Dans les écoles, la bosse offre un grand avantage ; une seule bosse sert en même temps pour plusieurs élèves. Ils se placent à l'entour, à la hauteur et à la distance que j'ai indiquées plus haut. Les élèves s'installent, comme devant les modèles dessinés, avec leur papier végétal, sur lequel est tracé le calque professeur, qu'ils peuvent abaisser sur leur dessin pour le corriger.

Quoique les premiers calques vérificateurs soient lithographiés, il est bon que l'élève les fasse lui-même préalablement à travers la gaze. Il n'en connaîtra que mieux son professeur.

Une seule gaze suffit pour plusieurs élèves, pourvu qu'on procède avec ordre. Lorsqu'ils sont assis autour de la bosse, chacun à son point de vue, ils prennent leur tour pour faire leur calque à travers la gaze. Pendant ce temps, les uns font des pages d'ombres ou des lettres majuscules ; les autres répètent de mémoire ce qu'ils ont dessiné la veille. Ainsi, point de temps perdu : on attend son tour patiemment et dans le plus profond silence, car l'étude du dessin rend silencieux. Les calques vérificateurs terminés, tous les élèves attaquent le dessin d'après la bosse, en se corrigeant avec le vérificateur ; puis on enlève bosse et dessin, et c'est à la mémoire à reproduire l'image que la main a déjà tracée, mais que l'œil ne voit plus.

Les bons calques vérificateurs des meilleurs élèves peuvent fort bien servir pour les autres.

Ainsi le chef de classe a tous ses professeurs en portefeuille. Tous les jours il augmente sa collection. C'est une espèce d'enseignement mutuel pratiqué avec beaucoup de succès.

L'instituteur veut-il grandir le calque vérificateur, il trouvera la manière de grandir dans le chapitre dernier.

C'est un exercice qu'il faut faire le soir avec les meilleurs élèves. C'est une occupation très-intéressante.

L'instituteur garde les dessins bien grandis, pour faire des calques vérificateurs pour ses élèves. L'œil le moins exercé voit de suite si un calque est bon ou mauvais.

Cela m'amène à dire qu'il faut se défier de la gaze; elle n'est pas d'aussi bonne composition, je dirais presque aussi bonne personne qu'on pourrait le croire. Si elle n'est pas bien posée devant le modèle, point d'exactitude dans les traits; au contraire, le dessin est gauche et ne ressemble à rien. Observez avec soin et par vos yeux, c'est-à-dire comparez les résultats avec les modèles, et demandez-vous la raison des différences. Si l'on suspend une main, un bras trop haut ou trop bas; si l'on se pose trop près ou trop loin de l'objet qu'on dessine;

si l'on ne place pas bien la gaze en face du modèle, il s'opère des erreurs de lignes, de raccourcis et de positions à faire dresser les cheveux. Placez un élève devant un meuble ; il verra que, lorsque les lignes du cadre de la gaze ne coïncident pas avec celles du meuble, les perpendiculaires penchent à droite ou à gauche, les horizontales montent ou descendent, de manière à donner un tout autre point de vue. Qui s'est familiarisé avec la gaze non-seulement ne commet pas de ces fautes, mais arrive à vaincre les plus grandes difficultés de l'art. Avec elle on peut faire de vrais plafonds, c'est-à-dire des figures qui se soutiennent en l'air, et non pas des personnages qui devraient vous tomber sur la tête si tout à coup ils devenaient vivants.

CHAPITRE ONZIÈME.

DES CROQUIS OMBRÉS.

Le moment est venu pour l'élève d'utiliser les études faites avec les pages d'ombre et les lettres majuscules.

Si l'élève a la main exercée et qu'il fasse des pages d'ombre avec un grain serré et ferme; si ses lettres majuscules ont un coup de crayon gras dans les parties pleines et fin dans les déliés, l'instituteur peut lui donner à copier les croquis ombrés d'après les maîtres qui se trouvent dans la première série des modèles ombrés.

L'élève imitera alors l'ombre telle qu'elle est indiquée, et cela ne lui sera pas difficile, sa main étant très-exercée.

Il est bien entendu que l'élève fera toujours le trait corrigé avec le vérificateur, puis de mémoire, puis sans vérificateur. Le trait est l'enveloppe de l'ombre. Si le trait n'est pas juste, l'ombre ne peut pas l'être.

Tout au contraire si le trait est très-juste, il est presque impossible de ne pas mettre l'ombre à sa place.

C'est pourquoi l'instituteur remarquera qu'il sera toujours obligé de remettre ses élèves à faire des traits parce qu'il verra que l'ombre s'apprend et se fait vite et bien lorsque l'élève est très-fort sur son trait.

Le croquis n'est qu'un aperçu des ombres sur la nature, qu'une simple indication.

Dès que l'instituteur veut faire faire à l'élève une tête, une figure, un pied, une fleur tout à fait ombrés, il doit mettre un fond et se servir alors de la manière d'ombrer au fusain.

Il faut que l'instituteur fasse remarquer à l'élève que ce qui équivaut dans la nature à une feuille de papier blanc derrière un objet, c'est seulement le soleil couchant, sans quoi la lumière de l'objet est toujours plus brillante que le fond, serait-ce une serviette blanche qui serait placée comme fond derrière l'objet.

CHAPITRE DOUZIÈME.

MANIÈRE D'OMBRER AU FUSAIN.

Après avoir posé le fusain légèrement sur toute la feuille, en le tenant presque à plat sur le papier, de manière qu'il ne fasse pas de raie, il faut que l'élève le frotte avec le doigt ou avec un morceau de laine, jusqu'à ce qu'il arrive à un ton égal.

Ce ton doit être de la valeur de la demi-teinte.

La demi-teinte étalée ainsi sur toute la grandeur de la partie qui doit être ombrée, l'élève dessine le trait de son modèle sur cette demi-teinte ; mais pour éviter que la main en dessinant le trait n'enlève la demi-teinte, l'élève dessine premièrement le trait sur sa gaze, puis il le reporte sur la demi-teinte, absolument comme sur le papier blanc.

Le trait et la demi-teinte ainsi posés sur le papier, l'élève prend de la mie de pain dure pour enlever toutes les lumières bien exactement, sans en oublier une seule.

Ce dessin ainsi exécuté a déjà un aspect très-intéressant ; car en un instant l'élève a déjà compris une chose très-importante, savoir :

Que la lumière est rare, et que la demi-teinte est la valeur dominante dans l'art de faire un tableau.

Il prend alors le fixatif indiqué plus haut.

Il en répand *derrière* le dessin et il l'étale de suite avec un pinceau, de manière que le papier en soit couvert entièrement, à l'envers du dessin, bien entendu.

Pour éviter que le dessin ne touche quelque chose pendant cette opération, il faut que l'élève le fasse tenir par les deux coins, en baissant toujours la feuille du côté où le fixatif s'écoule; il faut en mettre peu à la fois.

Il est bon d'accrocher ensuite le dessin à un rideau, afin qu'il sèche sans toucher le mur.

Voilà donc le trait, la lumière et la demi-teinte fixés irrévocablement lorsque le papier est bien sec.

C'est alors que l'élève remet les ombres avec le fusain, toujours en frottant avec le doigt, aussi vigoureusement qu'il veut.

Tout dépend du papier et du fusain pour que le fixatif prenne d'une part, et que le fusain soit bien noir de l'autre.

C'est à l'élève à essayer son papier et ses fusains. — Garder les tendres pour faire les fonds, les durs pour le trait, et les plus noirs pour les ombres.

L'expérience seule peut le guider; il faut faire et refaire sans se lasser.

Car, je l'affirme, avec cette manière de procéder, les dessins au fusain arrivent à une perfection de travail aussi net que la photographie.

Les séries ombrées d'après les grands maîtres, exécutées ainsi par les élèves, se vendent pour orner les appartements. Beaucoup de personnes les préfèrent à des copies peintes, lorsqu'elles veulent avoir la reproduction des œuvres des maîtres.

Les élèves font ainsi des portraits aussi fins et aussi ressemblants que la photographie, mais ils y joignent l'expression et la vie, que la main et l'œil de l'homme peuvent seuls donner.

Lorsque les élèves ombrent d'après la bosse ou d'après nature, il importe surtout de ne pas leur permettre d'ombrer quoi que ce soit sans y joindre le fond qui est derrière. N'importe quel fond, il faut le copier exactement. En effet, rien n'existe dans la nature sans un fond. C'est donner à un élève une fausse éducation que de le laisser dessiner sur un fond de papier blanc, lorsque derrière son modèle il en voit un autre, foncé ou clair, qui a des nuances diverses. Les rapports et les différences entre le fond et l'objet dessiné font seuls que celui-ci prend un corps, lui donnent de l'air, de l'espace, et empêchent qu'il ne soit collé au papier.

Il n'en coûte pas plus à l'élève de prendre tout de suite l'habitude de mener de front le fond et l'objet dessiné. Au contraire, le dessin de l'un aide le dessin de l'autre.

L'élève frottera donc sa demi-teinte sur toute sa feuille et dessinera le trait de sa figure, ou de son pied, ou de sa main, etc., sur cette demi-teinte, qui servira de fond. Il n'y aura qu'à la rendre plus ou moins vigoureuse d'un côté ou de l'autre, lorsque l'élève aura posé les vigueurs sur l'objet qu'il dessine.

CHAPITRE TREIZIÈME.

DE LA VARIÉTÉ DES OMBRES ET DES LUMIÈRES. — DIFFÉRENTS ASPECTS DE LA NATURE.

Il faut s'attacher d'abord à dessiner juste à leur place les ombres et les lumières, ainsi que la demi-teinte. Tout est là.

Il est impossible de réussir dans l'aquarelle, dont nous nous occuperons plus tard, si la mémoire ne vient pas seconder l'intelligence devant la nature. La première science, le premier talent qu'il importe d'acquérir, c'est donc de comprendre ce qu'on fait, c'est d'attaquer juste la lumière, la demi-teinte et l'ombre, comme on attaque juste la forme du contour.

Il faut pour cela accoutumer les élèves à bien remarquer les effets du jour;

Comment les figures s'éclairent;

Pourquoi les ombres existent.

Sans cette étude sur la nature, on les copiera toujours mal sur les modèles.

Il faut leur faire remarquer ce que c'est qu'une ombre portée : un objet fait ombre sur un autre, un bord de chapeau sur la figure, une manchette sur la main, un meuble sur le parquet, etc.; nous-mêmes nous avons notre ombre portée qui nous suit partout. C'est l'ombre portée qui donne de la vie, de l'air et de l'assiette.

Ses formes varient suivant que la lumière est plus ou moins haute. En plein air, on voit les ombres portées se raccourcir ou s'allonger, selon que le soleil s'élève ou s'abaisse.

Le soir, à la lampe, les ombres sont très-vigoureuses et très-précises.

Autre observation : la lumière est toujours excessivement étroite sur les cheveux, parce qu'ils sont luisants et posés sur un corps rond. Bien indiquée, elle donne la forme de la tête.

Les étoffes de satin reçoivent aussi une lumière très-étroite.

Elle est plus large sur la soie, mais plus encore sur la laine, le coton et la toile.

Pour dessiner les étoffes, il y a l'ombre, la demi-teinte, la lumière et le reflet.

Généralement, sur les objets brillants, tels que les cristaux, les marbres, les porcelaines, les métaux, les bois vernis, les dorures, etc., les lumières sont rares et étroites. Il importe de le savoir, car c'est la lumière qui indique la matière et la qualité. Ainsi, dans un dessin, un meuble neuf diffère d'un vieux par la manière dont la lumière est posée. Peu à peu toutes ces observations se caseront dans la tête des élèves, et ils arriveront au bout de leur crayon en temps et lieu.

Dès qu'ils sauront regarder les objets, ils ne les regarderont plus sans faire attention aux formes de l'ombre et de la lumière.

Ils verront comment s'éclairent les monuments, les maisons et les chaumières. Rien ne leur échappera, ni les grandes masses d'ombres et de lumières sur les arbres, ni les ombres portées de nuages sur la terre, qui quelquefois mettent tout un village dans l'ombre, et d'autres fois laissent le clocher seul lumineux. Sur les bords de la mer, il y a des effets magiques, surtout dans les pays du Nord, où le ciel est nébuleux. Aussi les effets de lumière sont-ils beaucoup plus variés et plus piquants dans le Nord que dans le Midi. Le nuage est l'ami des coloristes.

Toute une vie nouvelle va commencer pour les élèves. Toutes les œuvres de la nature vont prendre un aspect intéressant. A chaque instant, l'artiste assiste aux spectacles les plus curieux. Lorsqu'il voyage, il éprouve mille sensations diverses; il marche de surprise en surprise; où personne ne voit rien, ne sent rien, il voit, il compare, il admire. Il peut faire vingt fois la même route sans ennui, car pour lui le prestige est toujours nouveau, à chaque heure du jour, dès qu'il change d'effet. Et cet effet peut tenir à la moindre chose : là, c'est une vache bien éclairée qui anime une ondulation de la plaine; ici, c'est une chaumière qui reçoit les rayons du soleil et prend, à travers des touffes d'arbres, des proportions d'admirable beauté.

CHAPITRE QUATORZIÈME.

DE LA PERSPECTIVE.

Les élèves demanderont à l'instituteur ce qu'indiquent ces lignes placées sur plusieurs modèles (de la méthode Cavé), et aboutissant toutes au même point. Ce point est le point de vue. Rien de plus utile pour observer exactement les règles de la perspective, c'est-à-dire pour mettre les objets à leur place, pour leur donner leurs proportions. Comme on le voit dans les modèles, quelquefois le point de vue est dans le tableau, quelquefois hors du tableau ; quelquefois encore il est accidentel, lorsqu'un objet, une chaise, par exemple, est placé en dehors de la perspective générale du tableau.

Lorsque les élèves auront décalqué avec la gaze un intérieur ou une maison de campagne, ils n'auront qu'à chercher le point de vue, et ils verront que leur calque le donne exactement. La perspective est ainsi trouvée naturellement, sans maître. Mais, je le répète, ils doivent s'asseoir très-bas sur un petit tabouret de pied, afin que le point de vue soit agréable. Il y a de certaines manières de le prendre qui ne sont pas heureuses, et le tableau est fait pour plaire, non pour enseigner. D'ailleurs le spectateur ayant toujours le tableau accroché à la hauteur de son œil, il est tout simple que l'artiste prenne ce point de vue.

Quand les élèves voudront mettre plusieurs personnages dans l'intérieur qu'ils décalqueront, pour se rendre compte de la perspective des figures, ils auront un modèle qui viendra se poser à tous les plans derrière leur gaze, et le calque qu'ils en feront leur donnera exactement les proportions qu'ils doivent observer. Ainsi, en un instant, la perspective du fond et des personnages sera en harmonie complète.

Cette harmonie est de première nécessité, surtout dans le paysage, où quand les figures ne sont pas en proportion, elles empêchent le fond de fuir. En tirant une ligne du point de vue aux pieds de la figure du premier plan, et une autre ligne du même point à la tête de la même figure, on arrive à trouver les proportions de toutes les figures entre ces deux lignes.

Du reste, l'expérience prouve tous les jours que, lorsqu'un élève a souvent décalqué à travers la gaze, il apprend à voir la perspective et met tout à sa place, je pourrais dire d'instinct. Le point de vue avec toutes ses lignes se dessine naturellement devant lui. Comme M. Jourdain, qui depuis soixante ans faisait de la prose sans le savoir, les élèves un jour seront bien étonnés d'entendre tous les mots savants dont on se sert pour enseigner la perspective, cette science qu'ils vont apprendre sans s'en douter, qu'ils vont pratiquer comme le rossignol chante sans connaître les notes.

CHAPITRE QUINZIÈME.

MANIÈRE DE GRANDIR LE VÉRIFICATEUR.

Pour grandir un dessin il faut le décalquer avec un crayon lithographique sur un carreau où on étend une eau légèrement gommée. Bien entendu qu'il faut que l'eau soit entièrement séchée.

On prend ensuite une petite lampe à mèche plate, qu'on peut monter ou descendre à volonté. On coupe la mèche en biais, de manière à la rendre très-pointue. La pointe de cette mèche allumée, on la baisse jusqu'à ce qu'elle ne forme qu'un petit point lumineux.

Il est entendu que l'opération que je décris ne peut avoir lieu que dans une pièce obscure.

La lampe est placée devant le dessin tracé sur la vitre ou sur la gaze gommée, de manière que le point lumineux soit au centre de l'image ; alors le dessin se reproduit sur la toile ou sur le papier, qu'on a soin d'appliquer au mur ou sur un chevalet. Selon qu'on rapproche ou qu'on éloigne la lampe de la vitre ou de la gaze, on obtient plus ou moins de grandeur.

Si la dimension que l'on veut obtenir est considérable, il faut diviser le calque en quatre, en six ou en huit. On divise de même la toile ou le papier destiné à recevoir la reproduction, et on fait cette reproduction par parties, en plaçant toujours sa mèche au centre de chacune. Ainsi la portion du dessin contenue dans chaque petit carré du calque a été reportée dans le grand carré correspondant sur la toile ou sur le papier.

Il est inutile d'ajouter que, soit qu'on reproduise un dessin tout entier en une seule fois, soit qu'on le reproduise en plusieurs fois, par parties, il faut aller tracer à main posée le dessin ou le fragment de dessin qui a été projeté par la lumière de la lampe sur la toile ou sur le papier.

FIN.

www.ingramcontent.com/pod-product-compliance
Ingram Content Group UK Ltd.
Pitfield, Milton Keynes, MK11 3LW, UK
UKHW021311190726
13839UKWH00007B/1159

9 782329 582979